평범한 우리 어린이들을 다음 세다
위인으로 만들어 줄 교과서 위인 이야기!
효리원의 교과서 위인 이야기는 초등학교
교과 과정에 나오는 국내외 위인들을, 우리나라
최고 아동 문학가 53인이 재미있게 동화로 구성했습니다.
지혜와 용기로 위대한 삶을 산 위인들의 이야기는,
어린이들의 마음속에 '나도 할 수 있다.'는
희망의 씨앗을 심어 줄 것입니다!

일러두기

1. 띄어쓰기와 맞춤법 : 초등학교 국어 교과서와 국립국어원의 『표준국어대사전』을 기준으로 하였습니다.

2. 외래어 지명과 인명 : 국립국어원의 『외래어 표기 용례집』을 기준으로 하였습니다.

3. 이해가 어려운 단어 : (   ) 안에 뜻풀이를 하였습니다.

4. 작가 연보 : 연도와 함께 나이를 표기하고, 업적을 간략히 소개하였습니다. 우리나라 위인은 태어난 해를 한 살로 하였고, 외국 위인은 만 나이로 태어난 다음 해를 한 살로 하였습니다. 정확한 자료가 없는 위인은 연도와 업적만을 나타냈습니다.

5. 내용 구성 : 위인의 삶은 역사적 자료를 바탕으로 최대한 사실적으로 구성하였습니다. 그러나 읽는 재미를 위해 대화 글이나 배경 묘사, 인물의 감정 표현 등에 작가의 상상력을 더했습니다.

6. 그림 구성 : 문헌을 바탕으로 위인이 살던 시대를 충실히 나타내도록 하되 복식의 색상이나 장식, 소품, 건물 등은 작가의 상상으로 그렸습니다.

7. 내용 감수 : 각 분야의 전문가들로 구성된 편집 위원들이 꼼꼼히 감수를 하였습니다.

편집 위원

김용만(우리역사문화연구소장)
교과서에서 만나는 위인들을 중심으로 일화와 함께 그림과 사진을 곁들여 지루하지 않게 읽을 수 있습니다. 술술 읽다 보면 학교 공부에도 많은 도움이 될 것입니다.

신현득(동시인, 전 새싹회 회장)
우리가 자주 듣고 접하는 역사 속 실존 인물들이 자신의 꿈을 이루기 위해 어떻게 노력했는지 깨달아 가면서 우리 어린이들은 한층 더 성숙해질 것입니다.

윤재운(동북아역사재단 연구 위원)
위인전을 읽으면서 어린이들은 시대를 넘어 간접 체험을 할 수 있습니다. 어떻게 살아야 하는지 인생에 대한 동기 부여와 함께 삶이 보다 풍요로워질 것입니다.

이은경(철학 박사, 전북과학대 유아교육학과 교수)
한 사람의 인격·품성은 어릴 때 형성됩니다. 따라서 초등학교 저학년 때 어떤 책을 읽느냐에 따라 생각의 크기가 달라집니다. 어린이의 미래를 위해 이 책은 꼭 읽어야 합니다.

이창열(하버드 대학교 물리학 박사, 전 국가과학기술자문회의 전문 위원)
세상을 바꾼 위대한 인물의 이야기는 어린이의 인성 및 감성 발달에 큰 영향을 미칠 뿐 아니라 실험 정신과 개척 정신을 길러 줍니다. 용기와 지혜로 세상을 헤쳐 나가는 당당한 어린이를 꿈꾼다면 이 책은 꼭 한번 읽어 보아야 합니다.

정재도(한글학자)
위인으로 일컬어지는 이들은 어떤 생각을 하고, 어떤 삶을 살았을까요? 그들의 흔적을 담은 위인전은 복잡한 현대를 이끌어 갈 우리 어린이들에게 나침반과 같은 역할을 할 것입니다.

조수철(서울대학교 의과대학 소아정신과 교수)
위인전은 시대와 신분, 업적이 다른 위인들의 삶이 다양하고 흥미롭게 구성되어 있어 손쉽게 여러 삶의 모습을 만날 수 있습니다. 용기 있게 고난을 헤쳐 나간 위인의 이야기를 통해 삶의 지혜를 배울 수 있을 것입니다.

풀과 벌레를 즐겨 그린
조선 시대 최고의
여류 화가

신사임당

김은희 글 / 정형모 그림

효리원
hyoreewon.com

크게 뛰어나고 훌륭한 사람을 우리는 '위인'이라고 부릅니다. 이처럼 훌륭한 분 가운데는 우리나라 사람도 있고, 다른 나라 사람도 많습니다.

어린이들이 위인전을 읽는 까닭은 우리보다 먼저 살다 가신 훌륭한 분들의 삶과 업적을 알고, 거기에서 지혜와 깨우침을 얻어 본받기 위해서입니다. 이때 무엇보다도 그 위인이 자신의 일에 어떠한 노력을 하였으며, 또 남에게 어떻게 봉사하고 희생했는지 자세히 살펴야 합니다. 그리하여 자신이 닮고 싶고, 되고 싶은 위인을 늘 마음속에 새기며, 그처럼 훌륭한 사람이 될 수 있다는 희망을 갖는 일이 중요합니다.

우리나라의 많은 위인들 중에서 신사임당은 여자이지만, 어려운 시대와 환경에서도 포기하지 않고 자신의 길을 세워 꿋꿋하게 걸어간 아름다운 분입니다. 그런 까닭에 후세 사람들은 사임당을 일러 '여중군자, 여류 선비'라고 일컫기도 합니다. 군자나 선비라는 말은 본디 여성에게는 붙지 않는 호칭인데도 말입니다.

신사임당은 그림과 글씨에 뛰어난 예술인으로, 자식에게 엄격하고 자애로워 '율곡 이이'와 같은 대학자를 길러 낸 훌륭한 어머니로, 부모에게 효행을 다한 자식으로, 남편을 성심껏 내조한 현명한 아내로 우리 모두의 존경을 받고 있습니다.

이 책을 읽는 어린이들은 사임당의 부모님께 효도하는 마음, 형제자매와 우애하는 태도, 뜻을 세워 이루어 나가는 정신, 올곧은 생활 자세 등을 배우도록 지도해 주시기 바랍니다. 그리하여 우리 어린이들이 자신도 행복하고, 남에게도 베푸는 따뜻한 사람으로 이웃에게 널리 칭찬 받길 기대합니다.

머리말

우리나라 역사를 살펴보면 훌륭한 사람이 수없이 많습니다. 그분들이 세상을 어떻게 살았는지, 또 어떠한 노력을 했으며, 어려움은 어떻게 극복하였는지 살피고 익혀 본받고자 애쓰는 일이 후세의 우리들이 해야 할 일입니다. 특히 어린 시절에 이런 가르침을 받는 것은 아주 소중한 일입니다.

우리가 위인전을 읽는 것은, 그 위인의 손을 잡고 그 시대로 시간 여행을 하며 그분으로부터 직접 이야기를 듣는 것과 같습니다. 그러므로 그분의 목소리에 귀를 기울이듯 마음을 가다듬고 읽어야 합니다. 그러다 보면 우리가 살아가는 데 무엇이 값진 것인지를 깨닫게 될 것입니다.

글쓴이 김은희

차 례

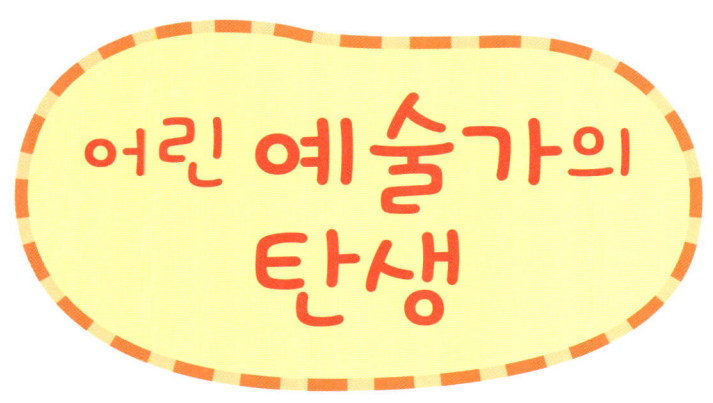

어린 예술가의 탄생

"인선아! 인선아! 이리 나와 봐!"

별당 앞마당 꽃밭에서 놀던 언니가 큰 목소리로 동생을 부릅니다.

"네가 좋아하는 범나비도 오고, 노랑나비도 많이 왔어! 얼른 나와 같이 나비 잡자."

언니는 어서 마당으로 나와 나비를 잡자고 성화지만, 인선은 무엇인가에 열중하고 있습니다.

"언니, 나 이거 다 하고 나서 같이 놀자."

신사임당이 그린 「필산수도」

　넓은 대청마루에, 함박꽃처럼 예쁘고 작은 여자아이가 붓을 꼬옥 쥐고 앉아 그림을 그리고 있었습니다.

　좋아하는 나비를 잡자고 해도 나오지 않는 동생이 무얼 하고 있는지 언니 명이는 무척 궁금했습니다.

　대청으로 올라선 언니는, 그림 그리는 동생 모습을 잠자코 지켜보더니 어머니를 불렀습니다.

　"어머니, 인선이가 그림을 그리고 있어요!"

　"그림을 그린다고?"

　"그런데 그림을 참 잘 그려요."

인선은 일곱 살밖에 되지 않은 어린아이입니다.

어머니는 인선의 등 뒤로 살그머니 다가와서 물었습니다.

"산수화로구나! 누구의 그림을 보고 그린 게냐?"

"네, 현동자입니다."

"뭐라, 현동자의 그림을 따라 그렸다고? 우리 딸이 제법이로구나."

현동자의 본래 이름은 '안견'으로, 세종 대왕 때 활동한 유명한 화가입니다. 현동자는 초상화·산수화·사군자를 두루 잘 그렸습니다.

그 이야기를 전해 들은 아버지는 둘째 딸이 그린 그림을 직접 보고 무척 기뻐하였습니다.

아버지는 인선을 불러 조용히 물었습니다.

"산수화 그리기가 재미있느냐?"

인선은 잠시 사이를 두었다가 입을 열었습니다.

"산수화도 좋지만, 그보다는 꽃과 풀, 나비와 벌레 같은 것을 그리는 것이 더 재미있어요."

"하면, 처음부터 꽃과 나비, 풀벌레 같은 것을 그릴 것이지 어찌 산수화를 그렸느냐?"

"네, 꽃과 나비와 풀벌레는 그 생김새가 작고 아주 복잡한 까닭에, 제게는 아직 버거워 쉽게 그릴 수 있는 산수화를 먼저 그린 것입니다."

아버지는 마음속으로 크게 감탄했습니다. 작고 세밀한 그림

강릉 오죽헌 율곡매 | 1400년경 오죽헌이 들어설 때 심어진 나무로, 신사임당과 율곡이 직접 가꾸고 아꼈다고 합니다.

을 그리기 위해, 그리 어렵지 않은 산수화로 먼저 그림 솜씨를 익힌다는 어린 딸의 생각이 퍽 대견했습니다.

나중에 큰 화가가 될 것이라는 기대를 갖게 했습니다.

이처럼 생각이 깊은 작은 아가씨는, 1504년 음력 10월 29일 강원도 강릉 북평 마을(지금의 오죽헌)에서 어머니 용인 이씨와 아버지 평산 신씨 명화 공의 다섯 딸 가운데 둘째 딸로 태어났습니다.

부모님은 이 아이가 어질고 착하게 자랐으면 하는 바람을 담아 이름을 '인선'이라고 지었습니다.

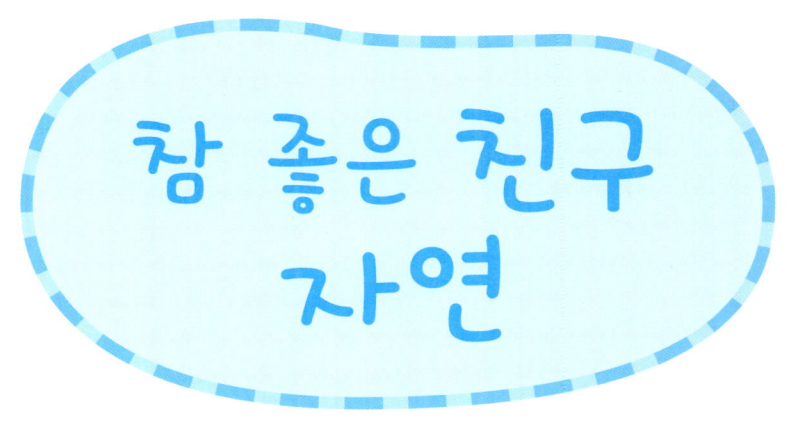

참 좋은 친구 자연

　인선은 네 살 때부터 외할아버지께 글을 배웠습니다. 어머니한테서도 제 또래 아이들이 하는 바느질과 자수(헝겊에 색색의 실로 수를 놓아 그림을 만드는 것)는 물론이고, 바른 행실에 대해서도 배웠습니다.

　"공부만 열심히 한다고 훌륭한 사람이 되는 것은 아니란다. 언제나 바른 마음을 키워야 한단다."

　"어머니, 바른 마음은 어떻게 키워야 하나요?"

　"간단히 말하면, 너그럽고 착한 마음과 행동이 자신의 몸에

익어야 한다. 그래야 어른이 되어서도 존경을 받게 된단다."

인선은 글을 읽다가 쉴 때면 앞뜰로 나가서, 좋아하는 꽃들과 거기 모여드는 벌레들을 자세히 관찰했습니다.

꽃나무와 여러 가지 벌레들이야말로 참으로 좋은 친구라는 생각이 들었습니다.

인선의 집은 '오죽헌'이라고 불렸습니다. 별당 뒤 숲에 줄기 색이 검은 대나무가 많이 자라고 있어서 '까마귀 오(烏)'와 '대나무 죽(竹)', 그리고 '집 헌(軒)' 자를 붙인 것입니다.

오죽헌에는 철따라 원추리·봉숭아·달개비 등 갖가지 꽃이 피었고, 나비와 벌이 찾아들었습니다. 뒤뜰에는 다람쥐들이 넘나들고, 여름에는 무성한 포도 덩굴에 포도가 주렁주렁 열렸습니다.

"어머! 저 벌레는 자기 몸보다 훨씬 큰 쇠똥을 옮기네? 혼자서 힘들까 봐 친구가 옆에서 함께 굴려 주는구나!"

마침 인선의 눈에 쇠똥을 굴리는 쇠똥구리의 모습이 들어왔습니다. 쇠똥은 쇠똥구리의 소중한 양식이자 아기 쇠똥구리

신사임당이 그린 「초충도」

가 태어날 보금자리이지요. 쇠똥구리는 물구나무를 선 자세로 뒷다리를 이용하여 열심히 쇠똥 경단을 굴렸습니다. 하늘을 향해 꼿꼿이 고개를 세운 맨드라미꽃이 쇠똥구리가 더울까 봐 작은 그늘을 만들어 주고 있었습니다.

앞뒤뜰에 살거나 찾아오는 벌레는 벌과 나비 말고도 많았습니다. 쇠똥구리 · 여치 · 고추잠자리 · 메뚜기 · 사마귀 · 땅강아지 · 풀거미 따위의 벌레들이 꽃나무 위를 날아다니거나 풀 밑으로 기어 다녔습니다. 하나같이 귀여웠습니다. 어떤 때는 개구리 · 도마뱀 · 다람쥐 · 쥐 같은 것들도 보였습니다.

인선에게는 이 모두가 이상하거나 무서워 보이지 않았습니다. 그저 그림으로 나타내 보고 싶을 뿐이었습니다.

태임을 존경하여

인선은 책을 많이 읽었습니다. 그중에서도 중국 주나라 때 문왕의 어머니인 태임의 이야기를 감명 깊게 읽고, 마음속에 고스란히 간직하고 있었습니다.

문왕은 어머니 태임의 올바른 가르침에 따라 백성들에게 덕을 베풀고 나라를 어질게 다스렸습니다.

그런 까닭에 중국의 역대 왕 가운데 아주 뛰어난 왕으로 우러르겨 받들어지고 있습니다.

동양에서 처음으로 태교(아기를 밴 여자가 마음을 바르게 하고,

말이나 행동을 조심하여 배 속의 아기가 좋은 감정을 느끼게 해 주는 일)를 몸소 실천한 사람이 바로 태임이라고 전해져 옵니다.

'문왕을 배 속에 가졌을 때, 행동을 삼가고 규범을 올바르게 잘 지키며 태교를 했다.'고 기록되어 있습니다.

이런 노력으로 인해 문왕은 아주 총명하고 슬기로웠는데, 어머니 태임이 하나를 가르치면 100가지를 깨우쳤습니다. 그리하여 마침내 문왕은 주나라의 으뜸 임금이 되었습니다.

신사임당 영정 | 조선 시대 여류 문인이자 화가인 신사임당의 모습입니다. 강릉 오죽헌에 모셔져 있습니다.

인선은 마음속으로 태임 부인을 사랑하고 존경하며 본받으려고 노력했습니다.

'그래! 이제부터 나를 '사임'이라고 해야겠다. 내 성이 신이니까, 신사임당! 그래 좋아, 마음에 쏙 드는 이름이야.'

인선은 자신의 '호'를, 스승을 나타내는 '사(師)' 자에 태임 부인에서 '임(任)'을 따다 붙였습니다. 그리고 마지막에 '당(堂)' 자를 더했습니다. '당'은 '집'을 가리킵니다. 그리하여 인선은 '사임당', 즉 '사임의 집'이라는 뜻의 호를 갖게 되었습니다.

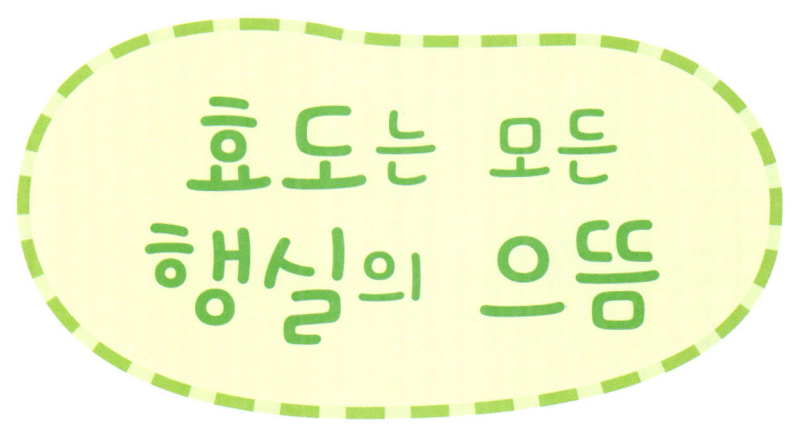

효도는 모든 행실의 으뜸

사임당은 외할아버지로부터 『동몽선습』을 배웠습니다.

책의 첫머리에는 자식이 부모에게 해야 할 효도에 대해 다음과 같이 씌어 있었습니다.

어버이에게 효도한 후에야 임금에게 충성스럽고,

동생은 형에게 공손한 후에야 어른에게 공경스러우니,

모든 행실 가운데 효도와 우애가 으뜸이다.

어버이는 자식을 낳아서 기르고 사랑하고 가르치며,

자식은 받들면서 어버이의 뒤를 잇고 효도하며
잘 받들고 모셔야 한다.
그래서 공자께서는 '사람이 잘못하여 짓는 죄는
3,000가지나 되지만, 부모님께 불효하는 죄보다
더 큰 죄는 없다.'고 말씀하셨다.

사임당은 비록 어린 나이였지만, 이런 글을 배우며 부모에
게 효도해야겠다는 마음을 굳게 가졌습니다.

열여덟 살이 된 사임당에게 슬픈 일이 두 번이나 찾아들었
습니다.
한집에 같이 살던 외할머니가 세상을 떠난 것이 그 첫 번째
일입니다. 슬하에 아들이 없는 탓에 외할머니의 장례는 어머
니와 사임당 자매들이 힘을 합쳐 지냈습니다.
두 번째는 아버지 신 진사가 깊은 병을 얻은 일입니다. 사임
당은 아버지 곁을 잠시도 떠나지 않고 밤낮으로 지극정성 간

호를 하였습니다.

그러던 어느 날, 깜빡 잠이 들었습니다. 꿈속에서 산신령이 하늘로부터 내려오더니 대추알만 한 크기의 약을 아버지 입에 넣어 주는 것이었습니다.

순간 사임당은 깜짝 놀라 잠에서 깨었습니다.

그런데 정말 놀랍게도, 오랫동안 의식이 없던 아버지가 길게 숨을 한 번 쉬더니 눈을 떴습니다.

"아버님!"

"오오, 인선이냐?"

"아버님! 정신이 드시옵니까?"

아내와 딸들의 정성이 하늘을 감동시켰나 봅니다.

그날부터 신 진사의 병은 조금씩 나아졌습니다.

어머니 이씨는 누워 있는 남편의 병을 고치기 위해 온갖 정성을 다했습니다. 조상의 무덤에 가서 남편의 병을 낫게 해 달라고 빌며 손가락을 잘라 피를 낸 다음 하늘에 고하고는 밤새 눈물로 기도를 하기도 하였습니다.

사임당의 어머니가 남편의 병을 낫게 하려고 손가락을 자른 일이 사람들에게 알려지자 한결같이 감탄했습니다. 나라에서도 이씨 부인의 행실을 찬양하며 큰 상을 내렸습니다.

이듬해가 되자, 부모님은 인선에게 결혼을 권했습니다.

"인선아, 한양에 올해 스물두 살된 이원수라는 괜찮은 젊은 이가 있다는구나. 그와 혼인을 하면 어떻겠느냐?"

"저는 부모님께서 정해 주시는 대로 따르겠습니다."

하늘이 맑고 고운 가을, 갖가지 꽃이 소담스레 피어 있는 오죽헌 마당에서 사임당은 한양 청년 이원수와 혼례를 치렀습니다.

그런데 얼마 후, 사임당의 결혼을 기쁜 마음으로 지켜본 아버지가 그만 세상을 떠나고 말았습니다.

깊이 슬픔에 잠긴 어머니를 위로하며 사임당은 아버지의 삼년상(부모가 세상을 떠난 후 3년 동안 바깥나들이를 삼가고 제사를 모시는 일)을 꿋꿋하게 모셨습니다.

신사임당이 그린 「갈대와 물새」

아버지의 삼년상을 치른 사임당은 차마 떨어지지 않는 발걸음을 한양의 시댁으로 옮겼습니다.

시어머니께 인사를 드리고 난 사임당은 일가친척들을 불러 잔치를 벌였습니다.

강릉에서 온 새색시를 보기 위해 찾아온 친척과 손님들은 사임당을 보고 입이 마르도록 칭찬하였습니다.

"자태도 맵시 있고, 얼굴도 예쁘기도 하네."

"글도 많이 알고, 그림 솜씨는 보통이 넘는다지?"

사임당은 나이 드신 시어머니를 극진히 모시는 한편, 부지런히 글을 읽고 그림을 그렸습니다.

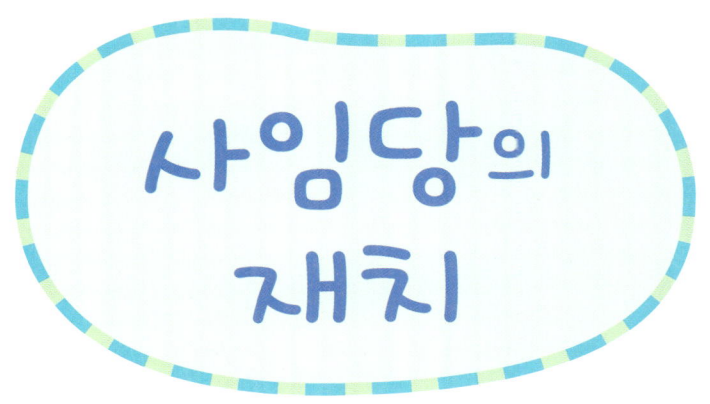

사임당의 재치

마을에 혼인 잔치가 열린 날의 일입니다. 잔칫집에 초대 받은 사임당은 이웃 여인들과 함께 즐거운 시간을 보내고 있었습니다.

왁자지껄한 속에 한 부인이 큰 소리로 외쳤습니다.

"에그머니나, 이를 어째!"

알고 보니, 음식을 나르던 하인이 그만 손님 치마에 음식을 엎어 버린 것이었습니다. 하인은 얼룩진 손님의 치마를 쳐다보면서 안절부절못하였습니다.

그 부인은 가난하게 사는 까닭에 다른 사람한테 새 옷을 빌려 입고 왔다고 했습니다. 그런데 그만 옷을 버렸으니 보통 큰일이 아니었습니다.

그 모습을 지켜보던 사임당이 나섰습니다.

"부인, 치마를 좀 벗어 주십시오. 제가 어떻게 수습해 보겠습니다."

부인은 무척 반가워하며 치마를 건네주었습니다.

사임당은 이내 붓을 들고 치마에 그림을 그리기 시작했습니다. 허릿단에서부터 거꾸로 늘어져 내린 덩굴과 포도송이가 솜씨 좋게 그려졌습니다.

얼룩 위에 그린 포도 잎사귀는 생기가 넘쳤습니다. 탱글탱글 알알이 맺힌 포도는 톡, 따면 달콤한 향내가 진동할 것만 같았습니다.

그림이 완성되자 사임당은 치마를 내놓으며 말했습니다.

"이 치마를 장에 가져다 파세요. 그러면 새 치마를 살 만한 돈이 마련될 거예요."

지켜보고 있던 사람들이 모두 놀랐습니다.

"우와, 대단하다!"

부인은 멋진 포도송이가 그려진 치마를 장에 내놓았습니다. 사임당의 그림은 이미 많은 사람들에게 알려져 있었기 때문에 사려는 사람이 많았습니다.

"이 그림은 색깔도 좋고 솜씨도 대단하군! 음, 포도덩굴은 자손이 오래오래 끊이지 말라는 뜻이니 자식이 귀한 주인 나리께서도 좋아하시겠어!"

어느 부잣집 집사(그 집의 일을 맡아 보는 사람)가 이렇게 말하며 냉큼 샀습니다. 그 부인은 새 비단 치마를 몇 벌이나 살 수 있는 돈을 손에 쥘 수 있었습니다.

그림을 마음 수양하는 예술로만 생각했던 사임당은 자신의 그림을 판 적이 없었지만, 가난한 부인의 딱한 사정을 보고 모른 척할 수 없었던 것입니다.

남편의 합격을 기원하며

사임당은 한양 시댁과 강릉 친정을 번갈아 오가며 두 분 어머니를 모셨습니다.

이번에는 친정어머니를 드시기 위해 강릉으로 갔습니다. 떨어져 있는 동안, 남편이 공부에 매달려 과거에 합격하기를 바라는 뜻도 있었습니다.

남편 이원수는 너그럽고 이해심이 많았지만, 지혜로운 아내와 자식들과 함께 편안하게 지내느라 학문에는 좀 게으른 편이었습니다.

생각 끝에 사임당은 이렇게 말했습니다.

"한양에 가서서 부디 다른 생각 하지 마시고, 10년 동안 학문에만 정진하세요. 크게 성공하시면 그때 다시 만나요."

이원수는 그러자고, 아내와 약속을 했지만 발걸음이 떨어지지 않았습니다. 한양으로 떠났던 이원수는 아내를 찾아 강릉으로 왔습니다.

"당신은 사랑스러운 우리 아들딸의 아버지요, 한 집안을 이끌어 나갈 가장이옵니다. 그러한 당신께서 학문에 뜻이 없다면, 우리 식구들 모두에게 살아갈 희망이 없어지는 것이나 다름없습니다."

이원수는 아내의 간곡한 말에 새롭게 결심을 하고, 한양으로 가서 열심히 공부하였습니다.

　남편이 한양에서 글공부에 열중하는 동안 사임당도 부지런히 글을 읽으면서, 그림을 그리고 자수를 놓았습니다.

　남편이 학문에 정진하여, 시험에 어서 합격하기를 바라는 마음을 그림에 담으며 기도하였습니다.

　'제 남편이 과거에 급제하기를 바라는 그림입니다. 부디 이루어지게 해 주소서!'

　사임당은 백로 두 마리가 있는 연못 풍경을 정성껏 그렸습니다. 연꽃 열매와 백로를 함께 그린 이 그림에는 두 번의 어려운 과거 시험에 연이어 합격하기를 바라는 사임당의 뜻이 담겨 있었습니다.

　이원수는 아내가 온 힘을 모아 그려 보낸 백로 그림을 벽에 붙여 놓고 바라볼 때마다 아내의 자상한 마음을 느껴 더욱더 공부를 열심히

하였습니다.

마침내 이원수는 쉰 살이 되던 해에 과거 시험에 합격하였습니다.

그리고 남편이 벼슬길에 오르자 그 누구보다 기뻐한 사람은 바로 아내 사임당이었습니다.

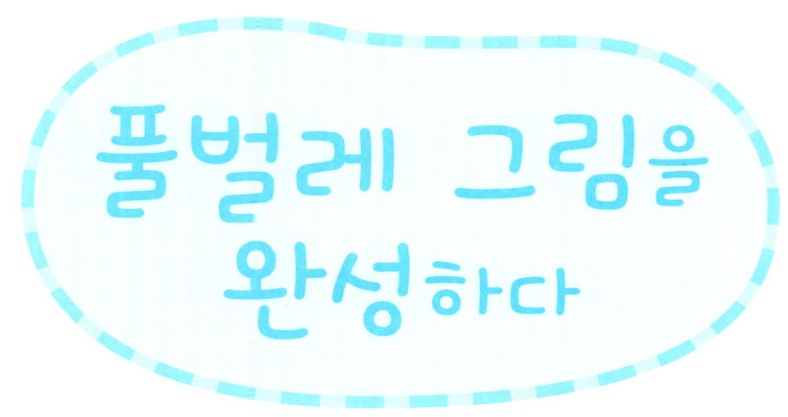

풀벌레 그림을 완성하다

한양으로 올라와 온갖 집안 살림과 아이들 키우는 일에 매달리다 보니 사임당의 몸이 무척 쇠약해졌습니다.

남편 이원수는 좋아하는 그림마저 그리지 못할 만큼 수척해진 아내의 모습을 안타깝게 바라보았습니다.

"여기에서 50리쯤 떨어진 파주 율곡리에 가면, 비록 작기는 하지만 몇 칸짜리 초가가 있소. 조용한 그곳에 가서 몸을 추스르며 그림을 그리면 어떻겠소?"

"감사합니다. 그곳에 가서 건강도 되찾고, 그림도 열심히 그려 보겠습니다.”

사임당은 젖먹이 아기를 데리고 파주 율곡리의 외딴 집으로 갔습니다.

그곳에서는 나이 든 산지기 부부가 농사를 짓고 있었습니다. 주인아씨가 오자 그들은 정성을 다하여 섬기었습니다.

신사임당이 그린 「초충도」

새로 가꾼 채소와 과일 등을 정성껏 밥상 위에 올려 사임당의 건강은 차츰차츰 회복되어 갔습니다.

꽃나무와 풀벌레가 많이 찾아오는 율곡리는 강릉 북평 마을과 많이 닮았습니다. 그래서인지 마당으로 내려서면 참으로 오랜만에 강릉 오죽헌 뜰을 찾은 것만 같아 사임당은 마음이

편안해졌습니다.

'이제는 몸도 좀 나아졌고, 마음도 고향 집에 온 듯 편안하니까 풀벌레 그림을 마저 그릴 수 있겠다.'

사임당은 몇 폭 그리다가 그만두었던 「초충도(풀과 벌레가 있는 그림)」를 즐거운 마음으로 그렸습니다. 율곡 마을에 머무는 동안 나날이 건강해지면서 그림 솜씨도 늘어 네 폭 남았던 풀벌레 그림을 모두 끝마칠 수 있었습니다.

사임당은 자연 풍경을 무척 아름답고 섬세하게 나타내었습니다.

풀벌레 그림이 완성된 뒤에는 포도 그림과 글씨 공부에 열중했습니다.

예전에 어느 잔칫집에서 치마폭에 그려 주었던 포도 그림이 떠올라 다시 포도 그림을 그린 것입니다.

그리운 어머님

 '저 나비처럼 훨훨 날아, 어머님 계신 곳에 다녀오면 좋으련
만…….'

 사임당은 강릉에 계시는 어머니 생각에 잠을 못 이루는 밤
이 많았습니다.

 '내가 구름이라면 저 높은 대관령 고개를 훌쩍 넘어가 어머
님을 만나 뵈올 텐데…….'

 늙으신 어머니가 홀로 친정집을 지키고 있는 것이 무엇보다
도 안타깝고 걱정스러웠습니다.

마침내 사임당의 이런 바람이 이루어져 대관령 아흔아홉 구비를 넘어서 어머니를 뵙게 되었습니다.

얼마간 강릉 친정에 머물며 어머니를 모시던 사임당은 한양으로 돌아오는 날, 대관령 고개 위에서 어머니가 계신 마을을 바라보았습니다. 홀로 남겨진 어머니를 생각하니 발걸음이 떨어지지 않았고, 자꾸 눈물만 흘러내렸습니다. 안타까운 속내를 시에 담아 아픈 마음을 달랬습니다.

대관령을 넘으며 친정을 바라본다
늙으신 어머님을 고향에 두고
한양 길 홀로 떠나가는 이 마음
돌아보니 북촌은 아득도 한데
흰 구름만 저문 산을 날아 내리네

사임당은 이때 건강이 몹시 좋지 않아, 마음과는 달리 강릉 친정까지 먼 길을 자주 오갈 수 없었습니다. 한양에 돌아와서

도 사임당은 고향에 계신 어머님이 그리
워 눈물짓는 때가 많았습니다. 사임당은
그 마음을 시로 나타냈습니다.

어머님 그리워

산 첩첩 내 고향 여기서 천 리
꿈속에도 오로지 고향 생각뿐
한송정 언덕 위에 외로이 뜬 달
경포대 앞에는 한바탕 바람
갈매기는 모래톱에 흩어졌다 모이고
고깃배들 바다 위로 오고 가겠지
언제나 강릉 길 다시 밟아 가
색동옷 입고 앉아 바느질할꼬

복잡한 한양에 살면서도 사임당
은 태어나서 자란 오죽헌을 언제나
마음속에 담고 있었습니다. 어머니
곁에 색동옷 입고 앉아, 마당에 철
따라 피는 꽃을 쳐다보며 수를 놓던
어린 시절이 늘 그리웠습니다.

강릉의 친정어머니 역시 자신의 딸 사임당을 잠시도 잊은 적이 없었습니다.

어느 날 집안 친척의 어린 하녀가 찾아와서 거문고를 들려준 일이 있었습니다.

"그 거문고 소리를 들으니 인선이가 더 보고 싶구나⋯⋯."

친정어머니는 거문고 곡조를 들으며 멀리 있는 딸 생각에 눈물을 지었습니다.

함께 있던 사람들도 따라서 눈시울을 적셨습니다.

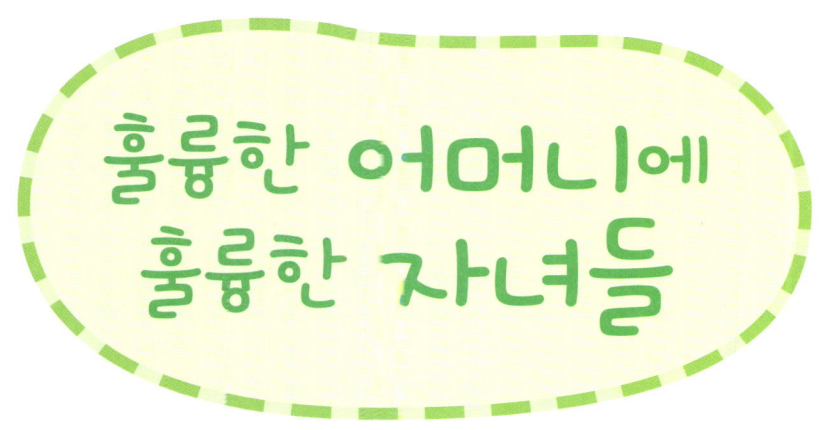

훌륭한 어머니에 훌륭한 자녀들

"너희들은 장차 세상에 나가 큰일을 해야 한다. 백성을 위하고 나라에 도움되는 일을 해야 하므로, 집 안에 날마다 글 읽는 소리가 그쳐서는 안 된다."

"예, 어머님!"

"자신의 생각이 옳다고 믿으면 아무리 힘이 들어도 굽히지 말아야 한다. 아는 것은 반드시 행동으로 옮겨야 한다. 그러나 말과 행동은 항상 깊이 생각하고, 조심하도록 힘써라."

사임당은 틈만 나면 자녀들에게 옳은 생각과 행동을 익히게

하였습니다.

"항상 어른을 공경하고, 형제자매는 서로 아껴 주어야 한다. 또한 나보다 남을 먼저 생각하고, 어려운 사람이 없는지 살펴서 도울 줄 아는 너그러운 사람이 되어야 한다."

또한 딸들에게는 다음과 같은 말을 덧붙였습니다.

"너희들은 장차 훌륭한 어머니가 되어야 한다. 그보다 먼저 훌륭한 아내가 되어 남편을 돕고, 자식을 키워야 하기 때문에 여자인 너희들은 남자보다 더 학문을 게을리해서는 안 되며, 덕도 쌓아야 한다."

"명심하겠습니다, 어머니."

큰아들 죽곡 '이선'은 여러 차례 과거를 보아 40세에 벼슬길로 들어섰습니다. 오늘날에도 전해지는 시「지혜 주머니」에서 그의 높은 인품과 깨끗한 성품을 엿볼 수 있습니다.

맏딸 '매창'은 시·글씨·그림 등의 재주와 학식이 보통 사람보다 뛰어났습니다.

동생 율곡이 병조 판서로 있을 때에 오랑캐 무리들이 우리 나라 북쪽 지방을 쳐들어왔습니다. 이때, 누나인 매창의 지혜 는 오랑캐를 물리치는 데 큰 도움을 주었습니다.

어머니 신사임당의 재주와 학식을 그대로 닮아서 많은 사람 들에게 그는 '작은 사임당'이라고 불렸습니다.

둘째 아들 정재 '이번'은 대나무같이 곧은 절개를 간직한 사 람이었습니다. 한번은 동생 율곡이 몸이 아파 스스로 벼슬을 내놓고 물러나려 했으나, 나라에서 허락해 주지 않았습니다. 그때 동생 율곡이 자리에서 물러나기를 바라는 마음을 담은 이번의 글「율곡에게 물러나기를 권한다」는 훌륭한 문장의 본 보기로 꼽혔습니다.

둘째 딸과 셋째 딸 역시 훌륭하게 자라서 출가하였습니다. 셋째 아들 율곡 '이이'는 학식뿐만 아니라 효성 또한 지극하였 습니다. 세 살 때 글을 읽기 시작했고, 여덟 살 때는 집안 정자 인 화석정에 올라 시를 지어 어른들을 놀라게 하였습니다. 열 세 살 때는 진사 초시 시험에 1등으로 합격하여 그 이름이 널

리 알려졌습니다.

그 후에도 율곡은 과거 시험을 여러 차례 치렀는데 언제나 1등을 했습니다. 율곡은 나라의 힘을 기르고 지키기 위해 평생 동안 몸과 마음을 쏟았습니다.

그 후 호조·이조·형조·병조 판서 등 높은 벼슬을 두루 지냈으며, 자신을 스스로 가르치기 위한 글 「자경문」을 비롯하여 많은 책을 써서 후세에 남겼습니다.

넷째 아들 옥산 '이우'는 아주 뛰어난 예술가였습니다. 거문고·글씨·그림·시 등 여러 방면에 뛰어난 재능을 가지고 있었습니다.

옥산의 거문고 소리는 깊고 그윽하여 듣는 사람을 편안하게 했고, 글씨는 매우 힘찼습니다. 그림 속 소재들은 정말 살아 있다는 느낌이 들 정도로 생생하게 그렸습니다.

실제로, 마당에 놓아 둔 그림 속 벌레가 마치 살아 있는 것처럼 보여서 닭들이 달려와 쪼았을 정도였다고 합니다.

어머니에게서 훌륭한 가르침을 받은 덕분에 사임당의 아들

신사임당이 그린「초충도」 | 수박(오른쪽)과 만드라미(왼쪽) 그림은 지금의 오천 원짜리 지폐의
뒷면 그림으로 채택되었습니다.

과 딸들은 남들보다도 일찍 어머니를 잃고도, 모두 바르게 자
라났습니다. 그리하여 지금까지 존경받는 학자와 훌륭한 예
술가로 그 이름을 떨치고 있습니다.

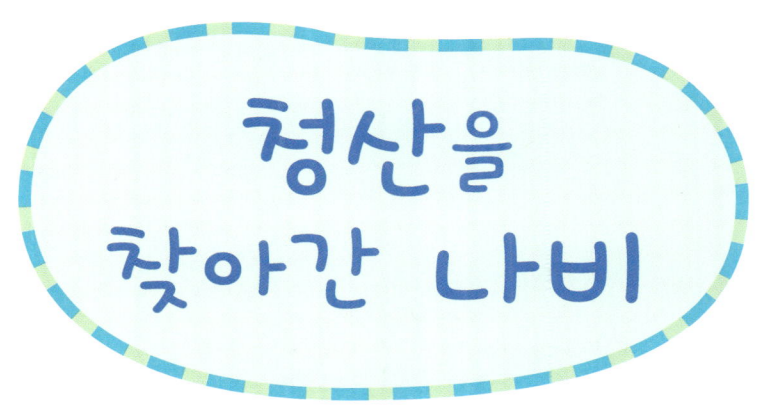

청산을 찾아간 나비

사임당은 많은 자녀들을 키우면서 이곳저곳으로 이사를 다니는 한편, 양가(시댁과 친정)의 어머니를 모시고 살림살이를 일으키느라 몸이 한층 더 쇠약해졌습니다.

게다가 자신이 좋아하는 그림과 글씨 등 예술 활동에 매달려 하루도 쉴 짬이 없었습니다.

새봄이 되자 남편은 세금으로 내는 물건을 걷기 위해 평안도 지방으로 갔습니다. 이때 사임당은 큰아들 '선'과 셋째 아들 '이'를 함께 데리고 가게 했습니다.

학교가 없던 옛날에는 자녀 교육을 위해 실제로 보고 듣는 것을 매우 중요하게 여겼던 터라 그렇게 한 것입니다.

1551년 5월 17일 새벽, 며칠 전부터 시름시름 앓던 사임당은 집 안에 넣아 있는 자녀들을 불러 모았습니다.

"내가 다시 일어나지 못할 것이다."

사임당은 이 한 마디만을 남기고 홀연히 눈을 감았습니다. 가족들의 슬픔은 이루 말할 수 없었습니다.

안타깝게도 신사임당은 자녀들이 자라서 결혼하는 것도 보지 못하고, 겨우 열 살밖에 되지 않은 막내아들 '우'를 둔 채 세상을 떠나고 만 것입니다.

평안도로 길을 떠난 남편과 두 아들이 이처럼 슬픈 소식을 알게 된 것은, 한양에서 가까운 서강에 막 도착했을 때였습니다.

"아이고, 어머니!"

"부인, 이게 웬일이오?"

소식을 들은 세 사람은 쏟아지는 눈물을 훔치며 집으로 달려갔으나, 돌이킬 수 없는 일이었습니다.

사임당은 어렸을 적부터 좋아했던 노랑나비·호랑나비 들과 함께 청산을 찾아갔나 봅니다.

비록 오래전에 신사임당은 가고 없지만, 그의 아름다운 정신과 훌륭한 예술 작품은 길이길이 남아서, 해마다 봄이면 찾아오는 나비처럼 우리에게 꿈과 희망을 전해 주고 있습니다. 🌼

신사임당의 삶

연 대	발 자 취
1504년(1세)	강원도 강릉 북평 마을에서 둘째 딸로 태어나다.
1510년(7세)	안견의 산수화를 보고 그대로 따라 그려서 주위 사람들을 놀라게 하다. 북평 외갓집에 살면서 외할아버지와 어머니의 가르침을 받으며 자라나다.
1513년(10세)	어려서부터 고전을 많이 읽고, 글씨와 그림에도 재능을 보였으며, 바느질과 자수에도 뛰어난 솜씨를 보이다.
1521년(18세)	외할머니가 세상을 떠나다.
1522년(19세)	한양 청년 이원수와 결혼하다.
1528년(25세)	11월 7일 친정아버지 신명화 공이 세상을 떠나다. 친정어머니 이씨에게 나라에서 상을 내리다.
1541년(38세)	강릉에 사는 친정어머니를 만나 뵙고 한양으로 돌아오는 길에 「대관령을 넘으며 친정을 바라본다」는 시를 짓다.
1544년(41세)	한양에서 살며, 강릉에 홀로 계신 친정어머니를 그리는 시를 읊다.
1551년(48세)	5월 17일 새벽 삼청동 집에서 자리에 누운 지 3일 만에 세상을 떠나다. 파주 두문리 자운산(지금의 파주시 천현면 동문리)에 묻히다.

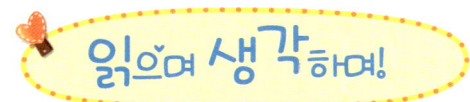

1. 신사임당이 어린 시절에 살았던 집의 이름은 무엇인가요?

2. 인선이 자신의 호를 '신사임당'으로 지은 까닭은 어떤 인물을 존경했기 때문입니다. 누구인가요?

3. 인선이 어렸을 때부터 즐겨 그린 그림의 소재는 무엇이었나요?

넓은 대청마루에, 함박꽃처럼 예쁘고 작은 여자 아이가 붓을 꼬옥 쥐고 앉아 그림을 그리고 있었습니다.

좋아하는 나비를 잡자고 해도 나오지 않는 동생이 무얼 하고 있는지 언니 명이는 무척 궁금했습니다.

대청으로 올라선 언니는, 그림 그리는 동생 모습을 잠자코 지켜보더니 어머니를 불렀습니다.

"어머니, 인선이가 그림을 그리고 있어요."

"그림을 그린다고?"

"그런데 그림을 참 잘 그려요."

4. 다음과 같은 상황을 해결하기 위해 신사임당이 한 일은 무엇이었나요?
   신사임당의 행동에 대해 어떻게 생각하나요?

왁자지껄한 속에 한 부인이 큰 소리로 외쳤습니다.
"에그머니나, 이를 어째!"
알고 보니, 음식을 나르던 하인이 그만 손님 치마
에 음식을 엎어 버린 것입니다. 하인은 얼룩진 손님
의 치마를 쳐다보면서 안절부절못하였습니다.
그 부인은 가난하게 사는 까닭에 다른 사람한테 새
옷을 빌려 입고 왔다고 했습니다. 그런데 그만 옷을
버렸으니 보통 큰일이 아니었습니다.
잠깐 그 모습을 지켜보던 사임당이 나섰습니다.
"부인, 치마를 좀 벗어 주십시오. 제가 어떻게 수습
해 보겠습니다."

5. 다음 보기 글과 같은 일화로 미루어 짐작할 수 있는 신사임당의 여러 가지 면모와 성품에 대해, 이 책 속 이야기를 예로 들어 말해 보세요.

깊이 슬픔에 잠긴 어머니를 위로하며 사임당은 아버지의 삼년상(부모가 세상을 떠난 후 3년 동안 바깥나들이를 삼가고 제사를 모시는 일)을 뜻하게 모셨습니다.

아버지의 삼년상을 치른 사임당은 차마 떨어지지 않는 발걸음을 한양의 시댁으로 옮겼습니다. ......

그림을 마음 수양하는 예술로만 생각했던 사임당은 자신의 그림을 판 적이 없었지만, 가난한 부인의 딱한 사정을 보고 모른 척할 수 없었던 것입니다.

1. 오죽헌.

2. 중국 문왕의 어머니 '태임'.

3. 꽃과 나비와 풀벌레.

4. 예시 : 신사임당은 얼룩진 치마폭에 포도송이를 그려 주고 장에 내다 팔게 하여 빌린 옷값을 물어 주게 했다. 난처한 처지의 부인을 도운 사임당의 재치가 놀랍다. 나 역시 앞으로 어려운 일을 당하더라도 당황하지 말고 앞뒤를 살펴, 해결할 수 있는 방법을 찾아봐야겠다.

5. 예시 : 앓아누운 아버지를 밤낮없이 간호한 것이나, 홀로된 어머니를 그리는 마음에서 사임당의 지극한 효심을 엿볼 수 있다. 어려운 이웃을 돕기 위해 치마폭에 그림을 그려 준 데서 얼마나 재치 있고 지혜로운 사람인가를 알 수 있으며, 학문을 게을리하는 남편을 바로잡기 위해 10년 동안 떨어져 산 데서 사임당의 집념과 단호한 의지를 확인할 수 있다. 또한 여러 명의 자녀를 훌륭하게 키워 낸 위대한 어머니이며, 항상 주변을 돌아보면서 자기 자신의 수양 또한 게을리하지 않은 다재다능한 인물이다.

한국사 위인

- 광개토 태왕 (374~412)
- 을지문덕 (?~?)
- 연가 소둔 (?~666)
- 김유신 (595~373)
- 대조영 (?~719)
- 장보고 (?~846)
- 왕건 (877~943)
- 강감찬 (948~1031)
- 최무선 (1328~1395)
- 황희 (1363~1452)
- 세종 대왕 (1397~1450)
- 장영실 (?~?)
- 신사임당 (1504~1551)
- 이이 (1536~1584)
- 허준 (1539~1615)
- 유성룡 (1542~1607)
- 한석봉 (1543~1605)
- 이순신 (1545~1598)
- 오성과 한음 (오성 1556~1618 / 한음 1561~1613)

한국사 사건

- 고조선 건국 (B.C. 2333)
- 철기 문화 보급 (B.C. 300년경)
- 고조선 멸망 (B.C. 108)
- 고구려 불교 전래 (372)
- 신라 불교 공인 (527)
- 고구려 살수 대첩 (612)
- 신라 삼국 통일 (676)
- 대조영 발해 건국 (698)
- 장보고 청해진 설치 (828)
- 견훤 후백제 건국 (900)
- 궁예 후고구려 건국 (901)
- 왕건 고려 건국 (918)
- 귀주 대첩 (1019)
- 윤관 여진 정벌 (1107)
- 고려 강화로 도읍 옮김 (1232)
- 개경 환도, 삼별초 대몽 항쟁 (1270)
- 문익점 원에서 목화씨 가져옴 (1363)
- 최무선 화약 만듦 (1377)
- 조선 건국 (1392)
- 훈민정음 창제 (1443)
- 임진 왜란 (1592~1598)
- 한산도 대첩 (1592)
- 허준 동의보감 완성 (1610)
- 병자 호란 (1636)
- 상평 통보 전국 유통 (1678)

연표

B.C. 선사 시대 및 연맹 왕국 시대	A.D. 삼국 시대	698 남북국 시대	918 고려 시대	1392

2000 | 500 | 400 | 300 | 100 | 0 | 300 | 500 | 600 | 800 | 900 | 1000 | 1100 | 1200 | 1300 | 1400 | 1500 | 1600

B.C. 고대 사회	A.D. 375 중세 사회	1400

세계사 사건

- 중국 황하 문명 시작 (B.C. 2500년경)
- 인도 석가모니 탄생 (B.C. 563년경)
- 알렉산더 대왕 동방 원정 (B.C. 334)
- 크리스트교 공인 (313)
- 게르만 민족 대이동 시작 (375)
- 로마 제국 동서로 분열 (395)
- 수나라 중국 통일 (589)
- 이슬람교 창시 (610)
- 수 멸망 당나라 건국 (618)
- 러시아 건국 (862)
- 거란 건국 (918)
- 송 태종 중국 통일 (979)
- 제1차 십자군 원정 (1096)
- 테무친 몽골 통일 칭기즈 칸이 됨 (1206)
- 원 제국 성립 (1271)
- 원 멸망 명 건국 (1368)
- 잔 다르크 영국군 격파 (1429)
- 구텐베르크 금속 활자 발명 (1450)
- 코페르니쿠스 지동설 주장 (1543)
- 도요토미 히데요시 일본 통일 (1590)
- 독일 30년 전쟁 (1618)
- 영국 청교도 혁명 (1642~1649)
- 뉴턴 만유 인력의 법칙 발견 (1665)

세계사 위인

- 석가모니 (B.C. 563?~B.C. 483?)
- 예수 (B.C. 4?~A.D. 30)
- 칭기즈 칸 (1162~1227)

한국사

1700~1800	1860	1890	1900	1910	1930	1980
정약용 (1762~1836) 김정호 (?~?)	주시경 (1876~1914) 김구 (1876~1949) 안창호 (1878~1938) 안중근 (1879~1910)	우장춘 (1898~1959) 방정환 (1899~1931)	유관순 (1902~1920) 윤봉길 (1908~1932)	이중섭 (1916~1956)	백남준 (1932~2006)	이태석 (1962~2010)

1784	1860~1861	1876~1879	1884	1894~1897	1905~1907	1910~1919
이승훈 천주교 전도 (1784)	최제우 동학 창시 (1860) 김정호 대동여지도 제작 (1861)	강화도 조약 체결 (1876) 지석영 종두법 전래 (1879)	갑신정변 (1884)	동학 농민 운동, 갑오개혁 (1894) 대한 제국 성립 (1897)	을사조약 (1905) 헤이그 특사 파견, 고종 퇴위 (1907)	한일 강제 합방 (1910) 3·1 운동 (1919)

1922	1932	1945~1948	1950~1953	1979	1987~1988	1994	2000
어린이날 제정 (1922)	윤봉길·이봉창 의거 (1932)	8·15 광복 (1945) 대한민국 정부 수립 (1948)	6·25 전쟁 (1950~1953)	10·26 사태 (1979)	6·29 민주화 선언 (1987) 서울 올림픽 개최 (1988)	북한 김일성 사망 (1994)	의약 분업 실시 (2000)

조선 시대 | **1876 개화기** | **1897 대한 제국** | **1910 일제 강점기** | **1948 대한민국**

연표

1700	1800	1850	1860	1870	1880	1890	1900	1910	1920	1930	1940	1950	1970	1980	1990	2000

근대 사회 | **1900 현대 사회**

세계사

1700~1800	1800	1850	1860	1870	1880~1890	1900	1910	1920	1930	1940	1950	1970	1980	1990	2000
미국 독립 선언 (1776) 프랑스 대혁명 (1789)	청·영국 아편 전쟁 (1840~1842)	미국 남북 전쟁 (1861~1865)	베를린 회의 (1878)	청·프랑스 전쟁 (1884~1885)	청·일 전쟁 (1894~1895) 헤이그 평화 회의 (1899) 러·일 전쟁 (1904~1905)	영·일 동맹 (1902)	제1차 세계 대전 (1914~1918) 러시아 혁명 (1917)	세계 경제 대공황 시작 (1929)	제2차 세계 대전 (1939~1945)	태평양 전쟁 (1941~1945) 국제 연합 성립 (1945)	소련 세계 최초 인공위성 발사 (1957)	제4차 중동 전쟁 (1973) 소련 아프가니스탄 침공 (1979)	미국 우주 왕복선 콜럼비아호 발사 (1981)	독일 통일 (1990) 유럽 11개국 단일 통화 유로화 채택 (1998)	미국 9·11 테러 (2001)

1700	1800	1850	1860	1880	1910	1920	1940	1950
워싱턴 (1732~1799) 페스탈로치 (1746~1827) 모차르트 (1756~1791) 나폴레옹 (1769~1821)	링컨 (1809~1865) 나이팅게일 (1820~1910) 파브르 (1823~1915) 노벨 (1833~1896) 에디슨 (1847~1931)	가우디 (1852~1926)	라이트 형제 (형, 윌버 1867~1912 / 동생, 오빌 1871~1948) 마리 퀴리 (1867~1934) 간디 (1869~1948)	아문센 (1872~1928) 슈바이처 (1875~1965) 아인슈타인 (1879~1955) 헬렌 켈러 (1880~1968)	테레사 (1910~1997) 만델라 (1918~2013)	마틴 루서 킹 (1929~1968)	스티븐 호킹 (1942~2018)	오프라 윈프리 (1954~) 스티브 잡스 (1955~2011) 빌 게이츠 (1955~)

2025년 11월 15일 2판 6쇄 **펴냄**
2013년 10월 25일 2판 1쇄 **펴냄**
2008년 4월 15일 1판 1쇄 **펴냄**

펴낸곳 (주)효리원
펴낸이 윤종근
글쓴이 김은희 · **그린이** 정형모, 원유성(표지)
등록 1990년 12월 20일 · **번호** 2-1108
우편 번호 03147
주소 서울시 종로구 삼일대로 457, 406호
전화 02)3675-5222 · **팩스** 02)765-5222

잘못 만들어진 책은 구입하신 서점에서 바꾸어 드립ㄴ다.
ISBN 978-89-281-0300-3 64990

이메일 hyoreewon@hyoreewon.com
홈페이지 www.hyoreewon.com